M. du Vau

CATALOGUE ABRÉGÉ
DES
MÉDAILLES
DU CABINET DE FEU M. DU VAU,
ANCIEN CAPITOUL DE TOULOUSE.

LE CABINET dont on donne ici le Catalogue abrégé, est connu depuis long-tems, non-seulement à Paris & dans les Provinces du Royaume, mais encore dans les Pays étrangers : c'est le fruit d'un travail qui a coûté bien des peines & des soins, & de grandes dépenses pendant quarante à cinquante ans.

M. CLAUDE PICARD DU VAU, ancien Capitoul de la Ville de Toulouse, a formé cette riche & nombreuse Collection de Médailles : il l'a augmentée & perfectionnée par les Relations qu'il avoit en Italie, en Angleterre, en Hollande, dans les Pays-Bas & dans toutes les Villes de France, où il y a des Curieux de Médailles.

Cette Collection fut considérablement enrichie par l'acquisition qu'il fit de toutes les Médailles d'or du Cabinet de M. le Président de Maisons : il étoit déjà plus riche en ce genre que ce Magistrat ; un très-grand nombre des Médailles qu'il achetoit étoient dans son Cabinet ; mais elles ne lui ont pas été inutiles, elles lui ont servi à en acquérir d'autres qu'il n'avoit pas.

M. du Vau connoissoit très-bien la Littérature des Médailles, & il a formé dans cette connoissance plusieurs Personnes qui y sont devenues très-habiles.

Les Curieux en ce genre trouveront dans ce Cabinet une Suite de plus de treize cens Médailles d'or Anciennes, Grecques & Romaines, très-rares par leurs différens revers & très-bien conservées; & plus de quatre cens antiques en argent & en bronze, & quantité de modernes en or & en argent: il y a aussi dans ce Cabinet bon nombre de pierres gravées par les plus célèbres Artistes de l'Antiquité; bon nombre de Portraits en miniature du fameux Petitot, des Tableaux, beaucoup de Livres & autres Bijoux curieux. Ce Cabinet est à vendre dès-à-présent: on peut s'adresser à M. DE L'ILLE, frére de M. du Vau, Rue-Neuve des Bons-Enfans, à la quatriéme porte au-dessus du Maréchal.

CABINET
DES MÉDAILLES D'OR ANTIQUES
DE FEU M. DU VAU,
ANCIEN CAPITOUL DE TOULOUSE.

SUITE DES MÉDAILLES GRECQUES.

Quinze Médailles de Philippe, Roi de Macédoine, dont il y en a quatre qui sont Quinaires; elles sont bien conservées, pour la plus grande partie, & chacune a dans son revers quelque Type particulier qui la distingue.

Dix-sept d'Alexandre-le-Grand, fils de Philippe, qui sont aussi d'une belle conservation pour la plûpart, & qui diffèrent entr'elles par quelque caractère particulier au revers.

Deux d'entre ces Médailles sont Didrachmes, & chacune pèse quatre gros & trente-six grains; il n'y en a qu'une qui soit petite & Quinaire.

Sept du Roi Lysimaque, dont une pèse une once un gros dix grains, une autre six gros neuf grains: ces deux sont très-bien conservées: les cinq autres ne le sont pas moins: elles ont, ainsi que celles d'Alexandre, quelque différence dans les revers.

Une très-belle Médaille du Roi Pyrrus.

Deux Médaillons de Ptolomée, avec l'Inscription Grecque Θεων Αδελφων: Ptolomée Soter & la Reine Bérénice d'un côté, & de l'autre, Ptolomée Philadelphe & Arsinoë; ces deux Médaillons sont très-beaux, & ne diffèrent que par la grandeur & le poids; l'un pèse sept gros dix-huit grains; l'autre, trois gros quarante-deux grains.

A ij

Quatre Médailles très-petites de Ptolomée Soter, qui ne différent que par certaines lettres dans les revers.

Une autre petite très-bien conservée de la Reine Bérénice.

Un grand & beau Médaillon de la Reine Arsinoë, il pèse sept gros quatorze grains.

Un autre très-beau Médaillon d'Hiéron Roi de Syracuse, pésant une once & cinquante-quatre grains, c'est le seul qu'on connoisse en or.

MÉDAILLES DES VILLES GRECQUES.

Un grand Médaillon Tétradrachme, qui, d'un côté représente une Reine : & de l'autre, Hercules, avec cette Inscription en Grec : Σοτεροσ Θασιων Ηρακλευσ.

Un autre grand Médaillon sans Inscription, pesant une once quatre gros cinquante & un grains : d'un côté on y voit une tête de femme & celle de Méduse sur un Bouclier : de l'autre, différentes Figures.

Cinq Médailles de Syracuse bien conservées, chacune a son revers différent ; il y en a trois fort petites, dont deux paroissent seulement dorées.

Treize Médailles fort petites, dont quelques-unes paroissent être de Cyréne, les autres de différentes Villes.

Trois autres plus grandes.

Deux de la Ville de Coson en Etrurie.

Une très-rare de la Ville de Cyréne : d'un côté est un Quadrige conduit par la Victoire : de l'autre, un Vieillard qui fait des libations sur un autel.

Dix-sept petites Médailles d'or pâle du même poids de quarante-sept grains, & de la même fabrique, qui paroissent être de la Ville de Catane en Sicile : elles représentent quelqu'unes des Déités antiques & différens revers.

Une Médaille très-belle & très-bien conservée, où on l'on voit d'un côté une tête d'homme avec ces caractères, B. A. de l'autre, une femme couronnée de Tours ; avec ceux-ci, N. 17.

Une autre Médaille, dont l'Inscription est en caractéres inconnus, & qu'on juge être Puniques.

Quatre Piéces de monnoye dont deux sont assez grandes, & les deux autres le sont moins, elles ont des Inscriptions en caractéres Arabes des deux côtés.

SUITE DES MÉDAILLES ROMAINES

CONSULAIRES.

Trois Médailles, où l'on voit Mars casqué d'un côté, & de l'autre, un Aigle sur un foudre avec l'Inscription, *Roma*, deux sont Quinaires.

Une autre, où l'on voit d'un côté Janus avec ses deux visages; & de l'autre un Sacrifice avec *Roma*.

Une autre, où est encore une tête casquée sans Inscription d'un côté, & de l'autre une femme assise devant un Autel, avec *Securitas P. R.* celle-ci est très-bien conservée.

Deux de Clodius.
Une de Fabricius.
Deux de Mussidius Longus.
Deux de Norbanus.
Une de Numonius Vaala, rare & qui n'est pas connue.
Deux de Vibius Varus très-belles & fort rares.
Une de L. Satur.
Une de Hostilius Saserna.

Deux de L. Sulla, dont l'une a sur son revers, *Imper. iterùm*; l'autre qui est très-belle, pése deux gros cinquante-six grains.

Deux de Cassius, l'un des Conjurés contre Jules-César: dans l'une & dans l'autre, est la Tête de la Liberté: au revers de l'une est une Prouë de Navire; au revers de l'autre, un Trépied couvert de la peau du Serpent Pithon; celle-ci est très-rare.

Une de Brutus, où il est representé, & sur le revers, le Bonnet de la Liberté entre deux poignards, avec l'Inscription, *Eid. Mar.*

MÉDAILLES DES EMPEREURS ROMAINS.

JULES CÉSAR.

Huit Médailles de Jules-Céfar, dont l'une repréfente la tête de Céfar voilée, & eft très-rare & très-belle; d'autres repréfentent la Piété, la Victoire, Venus; les autres, Céfar & Octavien au revers.

POMPÉE.

Deux Médailles de Pompée; dans l'une il eft repréfenté fous la figure de Neptune & une Galére au revers; dans l'autre, on croit que c'eft Sextus Pompée qui eft repréfenté, avec cette Légende: *Magnus Pius Imper. iter.* & au revers, *Præf. Claf. & oræ marit. ex S. C.* avec les têtes du Grand Pompée, pére de Sextus & de Annœus Pompée fon frére.

LÉPIDUS.

Deux Médailles de Lépidus qui repréfentent fa tête, avec l'Infcription, *M. Lepidus III vir R. P. C.* fur le revers de l'une eft une Veftale; fur celui de l'autre, Mars cafqué; ces deux Médailles font bien confervées, & d'une rareté extraordinaire.

M. ANTOINE.

Quatre Médailles de Marc Antoine le Triumvir, où on voit fa tête d'un côté; fur le revers de trois, celles de Céfar Triumvir, avec quelque différence dans les Légendes; fur celui de la quatriéme eft la Piété qui tient un Encenfoir devant un Autel: ces quatre Médailles font très-belles & rares.

AUGUSTE.

Vingt-huit Médailles d'Augufte, parmi lefquelles il y a des revers très-rares, comme *Armenia capta, Marti ultori*, Tiridate qui offre fon fils à l'Empereur, l'Enlévement des Sabines, *Civibus fervateis*, deux *Cæfar Divi filius*, avec deux revers différens & très-bons; deux *Principes Juventutis: Ob civis fervatos: Civibus & fignis militaribus à Parth. recept.* un Tibére; il s'y trouve auffi trois Quinaires.

LIVIE.

Un grand Médaillon pesant une once un gros onze grains : d'un côté est la Piété ; on croit que c'est Livie qui est représentée sous cet emblême ; au revers est la Déesse Vesta.

TIBERE.

Cinq Médailles de Tibére, dont il y en a deux qui ont un Auguste au revers & un Quinaire, toutes sont bien conservées.

DRUSUS.

Trois Drusus bien conservés, dont deux ont pour revers un Arc de Triomphe, avec l'Inscription, *De Germanis*.

ANTONIA.

Deux Antonia belles & rares ; l'une a au revers, *Sacerdos Divi Augusti*.

GERMANICUS.

Une Médaille de Germanicus, qui a au revers la tête de Caligula.

AGRIPPINE.

Une Médaille d'Agrippine, Mére de Caligula, & la tête de Caligula au revers.

CALIGULA.

Cinq Médailles de Caligula rares & très-belles ; deux ont au revers Auguste mis au rang des Dieux ; & une autre, Agrippine, Drusille & Julie, Sœurs de cet Empereur.

CLAUDE.

Vingt-deux de l'Empereur Claude, dont il y en a une qui a pour revers, *Agrippinæ Augustæ* ; trois autres, un Arc de Triomphe, avec, *De Britannis* : trois *Imper. recept.* un *Prætor receptus* ; un, la tête de Néron Adolescent : ces deux derniéres sont très-belles & fort rares.

AGRIPPINE.

Une Médaille d'Agrippine, femme de Claude, & au revers, l'Empereur Claude.

NÉRON.

Vingt-sept Nérons, parmi lesquels on remarque deux

revers où se trouvent Auguste & Livie; un où se trouvent Néron & sa mére Agrippine qui se regardent; un autre, où ils sont unis ensemble, & sur le revers un quadrige d'Eléphans, dans lequel ils sont assis l'un & l'autre; un où le Temple de Janus est fermé, avec cette Légende, *Janum clusit pace P. R. terrâ marique partâ;* un, où il est appellé *Princ. Juvent.* & au revers, *Sacerdos cooptatus, in omni conl. supra numerum ex S. C.*

GALBA.

Sept Galba, dont deux ont pour revers Livie son épouse; deux autres avec la Légende, *Roma renasces;* un, avec le fleuve du Tibre.

OTHON.

Trois Othons fort rares: l'un avec le revers, *Pax orbis terrarum;* les deux autres, avec *Securitas P. R.*

VITELLIUS.

Huit Vitellius très-rares & bien conservés: l'un a pour revers *consensus exercituum;* un autre, *Concordia P. R.* un autre, *Vesta P. R. Quiritium;* & un enfin *Liberi Imp. Germ. Aug.*

VESPASIEN.

Quarante-quatre Médailles de Vespasien avec les revers les plus curieux, tels que les têtes de Tite & de Domitien qui se regardent; mais le plus rare & le plus beau, c'est le Triomphe de cet Empereur après la prise de Jérusalem, où on voit Vespasien couronné par la Victoire, & Simon l'un des Chefs des Juifs qui est conduit devant le char, les mains liées derriére le dos.

TITE.

Trente-deux de l'Empereur Tite, dont un a pour revers la Judée captive assise au pied d'un Palmier, & deux sont restituées par l'Empereur Trajan.

JULIA TITI.

Une Médaille où on voit la tête de Titus ornée de rayons: & au revers, celle de Julie sa fille, avec cette Légende, *Julia Augusta Divi Titi F.*

DOMITIEN.

Vingt-quatre de Domitien, dont il y a de très-beaux revers.

DOMITIA.

Deux Domitia, dont l'une très-rare & très-bien conservée, a pour revers un Paon signe de sa consécration; l'autre, une tête de Domitien.

NERVA.

Huit Médailles de l'Empereur Nerva, dont une qui a pour revers, *Salus publica*, est très-rare & très-belle.

TRAJAN LE PERE.

Une Médaille de Trajan le Père où il est appellé *Divus*; & au revers est l'Empereur Trajan, elle est très-bien conservée & rare.

TRAJAN.

Cinquante Trajans, parmi lesquels se trouvent les revers les plus rares de cet Empereur, comme *Alim. Ital. Basilica Ulpia, Conservatori Patris Patriæ, Divi Nerva & Trajanus Pat. Forum Trajani, Regna adsignata, Rest. Ital. Via Trajana*: deux *Vota suscepta*, la Colomne Trajane, le Phœnix qui est de la plus grande rareté: ces Médailles sont toutes très-belles & parfaitement bien conservées; il s'y trouve aussi un Quinaire.

PLOTINE.

Deux Plotines très-bonnes & rares.

MARCIANA.

Une Médaille très-rare de la Consécration de cette Princesse.

MATIDIA.

Une autre de Matidie, fille de Marciana, aussi fort rare.

ADRIEN.

Soixante Adrien, dont deux Quinaires qui ne sont pas connus des Antiquaires: il se trouve dans ce nombre des revers très-rares & très-beaux, comme le Génie du Sénat qui donne la main à l'Empereur, la figure de Rome au milieu d'eux; l'Empereur & la Ville de Rome qui sacrifient sur un autel; le Soleil dans un quadrige; l'Empereur au milieu d'Enseignes militaires; l'Egypte, l'Afrique, l'Espagne, le Nil, le

Soleil levant, l'Empereur recevant un Globe des mains de Jupiter, le Temple d'Hercule, différentes Libéralités; le revers, *Restitutori Achaïæ*, le *Vota publica*, qui porte au moins cinq figures bien distinguées, *V. S. pro reditu*, où on voit le Génie du Sénat, & celui du Peuple Romain qui sacrifient: le *Veneri Genitrici*, & autres rares & bien conservées.

SABINE.

Cinq Médailles de Sabine, femme d'Adrien.

ÆLIUS-CÆSAR.

Trois d'Ælius Cæsar très-bien conservées, & qui sont rares.

ANTONIN-PIE.

Soixante-douze Médailles d'Antonin-Pie, dont un Quinaire, & un grand nombre de très-beaux revers, entr'autres, *Consecratio*, *Fortuna obsequens*, *Lætitia Cos.* dont le revers est Faustine la mère & Faustine sa fille, différentes Libéralités : toutes ces Médailles sont belles & bien conservées.

FAUSTINE LA MERE.

Dix-sept Faustines, dont il y a plusieurs revers beaux & rares, comme le Temple où elle est assise; un autre, dans lequel la Princesse tient des flambeaux allumés dans ses mains; un, où on la voit dans un Char traîné par des Eléphans : un enfin dont l'Inscription, *Junoni Reginæ*, & qui n'est pas connu des Antiquaires.

MARC AURELE.

Quarante-sept Médailles de l'Empereur Marc-Auréle, toutes de différens revers, belles & bien conservées.

FAUSTINE LA JEUNE.

Quinze de Faustine la jeune, aussi très-belles.

L. VERUS.

Dix-huit de L. Vérus avec des revers singuliers, on y trouve *Cong. Aug.*; *Profectio Aug.*: *Rex Armen. datus.*

LUCILLE.

Quatre Lucilles qui ne sont pas moins belles que les précédentes.

COMMODE.

Huit Commodes tous très-beaux & fort rares; il y

… à même qui n'ont pas été connus jusqu'ici en or, comme celui qui a au revers l'Inscription, *Spes publica*, & un Quinaire qui est extrêmement rare.

CRISPINE.
Une Crispine fort belle, dont le revers est, *Venus felix*.

PERTINAX.
Trois Pertinax avec de fort bons revers.

DIDIUS JULIANUS.
Trois Didius Julianus bien conservés.

MANLIA SCANTILLA.
Une Manlia Scantilla dont le revers est *Juno Regina*.

DIDIA CLARA.
Une Didia Clara fort rare, dont le revers est, *Hilaritas Temporum*.

PESCENNIUS NIGER.
Une Médaille de Pescennius Nigerius, dont le revers est, *Moneta Aug*.

SEPTIME SEVERE.
Seize de Septime Sévére, où se trouvent les revers les plus beaux & les plus rares, comme sa Consécration, *Felicitas sæculi*, où on voit la tête de Julia Domna entre celles de Géta & de Caracalla, *Legio IIII*, *Liberalitas Aug*. dans ces seize Médailles il y en une fourrée.

JULIA DOMNA.
Cinq de Julia Domna toutes belles & rares, sur-tout celles dont le revers est, *Vesta Mater*.

CARACALLA.
Seize Caracalla qui ont de beaux & bons revers; la plus grande partie sont des Déités; il y en a une de fourrée.

PLAUTILLE.
Deux Plautille, dont l'une a pour revers, *Propago Imperi*, d'une beauté & d'une conservation merveilleuse.

GETA.
Une de l'Empereur Géta, au revers de laquelle on voit cet Empereur & Caracalla son frére, se donner la main, avec, *Concordiæ Augg*.

MACRIN.

Cinq Macrins, dont un qui a pour revers, *Fides Militum*, est très-rare & très-bien conservé.

ELAGABALE.

Cinq Elagabales, parmi lesquels se trouve le revers *Conservator Aug.* où se voit un char dans lequel est la pierre qui étoit son Dieu.

SOÆMIAS.

Une Soæmias, dont le revers, *Venus Cœlestis*.

JULIA MÆSA.

Deux Julia Mæsa, dont l'une a pour revers, *Juno*, & l'autre, *Sæculi Felicitas*.

SEVERE ALEXANDRE.

Douze Sévére Alexandre presque tous beaux & bien conservés; il s'y trouve un Quinaire.

MAMÆE.

Une Julia Mamæa, dont le revers est, *Felicitas publica*.

MAXIMIN.

Deux Médailles de l'Empereur Maximin, dont l'une a pour revers Æsculape, & pour inscription, *Salus Augusti*.

PAULINE.

Une de Pauline, qui est sa Consécration.

LES GORDIENS D'AFFRIQUE.

Une du vieux Gordien, qui a pour inscription au revers, *Romæ æternæ*, & une du jeune qui a, *Victoria Augg*.

BALBIN & PUPPIEN.

Deux de Balbin, dont l'une a pour revers, *Pietas mutua Augg.* l'autre, *Victoria Augustorum*; & une de Puppien.

GORDIEN PIE.

Six de Gordien Pie, belles & bien conservées.

PHILIPPE FILS.

Deux de Philippe le Fils, où il n'a que la qualité de César, & au revers celle de Prince de la Jeunesse. Ces médailles sont très-rares & bien conservées.

TRAJAN DÉCE.

Trois Trajan Déce, dont l'un a pour revers, *Genius Exerc. Illyriciani*, & une autre, *Uberitas Aug.*

HERENNIUS.

Un Quintus Hérennius Decius Céfar, & au revers, *Principi Juventutis.*

HOSTILIANUS.

Un Hostilianus, aussi Céfar, avec la même inscription au revers.

TREBONIEN GALLE.

Un Trébonien Galle Auguste, au revers, *Apoll. salutari.*

VOLUSIEN.

Un Volusien, dont le revers est un Temple, *Junoni Martiali.*

VALERIEN.

Deux Valerien, dont l'un a pour revers, *Jovi Confervatori*, & l'autre, *Virtus Augg.*

GALLIEN.

Six Gallien, dont un qui a pour inscription, *Fidei Præt.* est très-rare & inconnu même aux Antiquaires.

POSTUME PERE.

Cinq Postumes, dont deux rares & beaux; l'un a pour inscription au revers *Nept. Comiti*; l'autre, *Quinquennales Postumi.*

LÆLIANUS.

Une Médaille de Lælianus, dont le revers est, *Temporum felicitas*; c'est une très-belle Médaille & d'une rareté extraordinaire.

VICTORIN.

Une de Victorin avec le revers, *Leg. XX. Val. Victrix*; cette Médaille est inconnue en or aux Antiquaires.

CLAUDE LE GOTHIQUE.

Une de Claude; le revers, *Victoria Aug.*

AURELIEN.

Deux d'Aurélien très-belles & bien conservées, dont l'une est un Médaillon, & porte au revers, *Adventus Augusti.*

SEVERINE.
Une Médaille de Séverine qui est fourrée.

TETRICUS LE PERE.
Cinq de Tetricus, toutes fort rares & peu connues des Antiquaires.

TACITE.
Deux de l'Empereur Tacite qui sont peu communes.

PROBUS.
Huit de Probus, dont il y en a cinq inconnues à Mezzabarba & autres Antiquaires ; elles sont bien conservées.

CARUS.
Une de Carus, dont le revers est, *Pax æterna*.

CARIN & NUMERIEN.
Une très-belle Médaille qui représente Carin & Numerien, *capita jugata*, dont le revers est, *Victoriæ Augg.* cette Médaille n'a pas été publiée jusqu'ici.

DIOCLETIEN.
Six de Dioclétien, dont il y en a une rare & singulière, & un Quinaire qui est aussi très-singulier & non encore publié.

MAXIMIEN.
Quatre de Maximien, dont il y en a une belle & rare qui a pour revers, *Herculi Victori*.

DIOCLETIEN & MAXIMIEN.
Un Médaillon très-beau des deux Empereurs, *capita adversa*, il est aussi très rare ; au revers on voit les deux Empereurs qui sacrifient sur un Autel à Jupiter & à Hercule, avec cette inscription, *Jovio & Herculio*.

CONSTANCE CHLORE.
Trois Médailles belles & rares, dont deux ne donnent à Constance que le nom de César : l'une a pour revers, *Jovi Fulguratori*, l'autre, *Virtus Herculii Cæsaris* ; une troisième lui donne la qualité d'Auguste.

SEVERE.
Une Médaille très-belle & très-rare du César Sévère, dont le revers porte, *Concordia Augg. & Cæss. N. N.*

MAXIMIEN GALERE.

Une autre aussi très-belle & qui n'est point connue des Antiquaires, du César Galére Maximien, dont le revers porte, *Jovi Conservat. Augg. & Cæss. N. N.*

MAXIMIN.

Une du César Maximin, dont le revers est, *Virtus Augg. & Cæss.*

LICINIUS.

Deux de Licinius, dont une porte au revers, *Jovi Conservatori*, & l'autre très-rare, & qui même n'a point été publiée, a *Marti Conservatori*.

CONSTANTIN.

Vingt Médailles du Grand Constantin, dont il y a plusieurs qui sont très-belles & très-rares, comme celle dont la Légende est, *Gaudium Romanorum*, & l'Exergue *Francia*; une autre semblable, à l'exception de l'Exergue *Alamannia*, *Gloria Exercitûs Gallici*, *Restitutor Libertatis*, *Victor omnium Gentium*, *Victoriæ lætæ Princ. Perp. Virtus Exercitûs Gallici*, & *Victoria Constantini Aug.* où se trouve, pour la première fois, le monogramme de Jesus-Christ.

CONSTANTIN LE JEUNE.

Une seule Médaille du jeune Constantin César, mais très-belle & très-rare, inconnue aux Antiquaires; le revers est, *Securitas Reipublicæ.*

CONSTANS.

Neuf de Constans, dont une ne lui donne que la qualité de César; elles sont presque toutes belles & bien conservées.

CONSTANCE.

Vingt-six Constantius, dont deux Quinaires très-beaux; il y a dans ce nombre des Médailles rares, comme *Felicitas perpetua*, *Felicitas Reipublice* par un *e* simple; & un très-beau & très-grand Médaillon qui est unique & inconnu à tous les Antiquaires, dont le revers représente les trois Fils du Grand Constantin, avec cette Légende, *Salus & spes Reipublicæ.*

MAGNENCE.

Quatre Médailles de Magnence, dont un très-beau Quinaire.

DECENTIUS.

Une de Cæsar Décentius rare & belle : le revers, *Vict. Cæsar. Lib. Roman.*

CONSTANTIUS GALLUS.

Une du Cæsar Constantius Gallus, aussi fort belle & très-rare, dont le revers est, *Gloria Reipublicæ.*

JULIEN.

Trois Julien, dont un très-beau & fort rare, où il est qualifié Cæsar.

JOVIEN.

Un Jovien très-bien conservé, dont l'Inscription de la tête est fort singuliére, *D. N. Jovianus P. F. P. Aug.*

VALENTINIEN.

Trente-une Médailles de l'Empereur Valentinien, parmi lesquelles sont trois Quinaires très-rares & très-beaux.

VALENS.

Vingt-sept de Valens ; il y a dans ce nombre un Médaillon très-beau & extraordinairement rare, qui a pour revers, *Felix Adventus Auggg.* ; une autre qui n'a pas encore été publiée, & qui porte, *Gloria Reipublicæ*, & un Quinaire.

GRATIEN.

Douze de Gratien, dont il y a deux belles & inconnues aux Antiquaires ; l'une a pour revers, *Gloria novi sæculi* ; l'autre, *Victoria Augustorum*, & un Médaillon très-beau, *Gloria Romanorum.*

VALENTINIEN LE JEUNE.

Treize de Valentinien le Jeune, dont une, *Gloria Romanorum*, est fort singulière, & n'avoit point été publiée.

THEODOSE LE GRAND.

Onze du grand Théodose, parmi lesquelles sont trois Quinaires, dont un fort rare.

MAXIME.

Trois Maximes, dont un Quinaire très-rare.

VICTOR.

Un Quinaire de Victor qu'on ne connoissoit point encore.

EUGENE

EUGÉNE.
Deux Médailles d'Eugéne, dont l'une est très-belle & très-rare.

ARCADE.
Quinze d'Arcade, dont deux très-rares, & un Quinaire.

ÆLIA EUDOXIA.
Un Quinaire extrêmement rare d'Ælia Eudoxia.

HONORÉ.
Quatorze Médailles d'Honoré, dont il y a quelques-unes qui sont rares & singulières, & une fourrée : il y a parmi ces quatorze médailles cinq Quinaires, dont un, *Gloria Romanorum*, n'étoit pas encore connu.

CONSTANTIN LE TYRAN.
Trois du Tyran Constantin, très-rares.

JOVIN.
Une très-belle & très-rare de Jovin, qui a pour revers, *Restitutor Reipublicæ*.

PRISCUS ATTALUS.
Une de Priscus Attalus, qui n'est ni moins rare, ni moins belle, & qui a pour revers, *Invicta Roma Æterna*.

THÉODOSE LE JEUNE.
Huit de Théodose le Jeune, dont une très-belle & non encore publiée, & un Quinaire.

EUDOXIE.
Une Médaille d'Eudoxie qui est belle ; au revers, *Salus Reipublicæ*.

JEAN.
Une Médaille fort belle & fort rare, & un Quinaire aussi très-beau & très-rare de l'Empereur Jean.

PLACIDIE.
Deux Médailles de Placidie rares, belles & bien conservées.

PLACIDE VALENTINIEN.
Cinq Médailles & six Quinaires de Placide Valentinien, dont la plûpart sont bien conservés.

PETRONE MAXIME.
Une belle & rare de Petrone Maxime.

MARCIEN.
Cinq de Marcien qui sont aussi bien conservées.
PULCHÉRIE.
Un Quinaire très-rare de Pulchérie.
AVITUS.
Une Médaille belle & rare d'Avitus.
LEON.
Quatre Médailles de l'Empereur Leon, & trois Quinaires, dont deux n'ont point encore été publiés.
VÉRINA.
Une Médaille de Vérina.
MAJORIEN.
Deux Médailles & trois Quinaires de Majorien.
LIBIUS SÉVERUS.
Deux Médailles & deux Quinaires de Libius Sévérus.
ANTHÉMIUS.
Six d'Anthémius bien conservées, dont un Quinaire.
OLYBRIUS.
Une belle & rare d'Anicius Olybrius; au revers, une Croix, avec la Légende, *Salus mundi*.
GLYCERIUS.
Un Quinaire extrêmement rare de Glycerius.
ZÉNON.
Quatre Médailles & quatre Quinaires de Zénon.
JULIUS NÉPOS.
Une Médaille de Népos très-belle & très-rare, & trois Quinaires du même Prince, dont l'un est d'or pâle.
ROMULUS AUGUSTUS.
Un Quinaire rare de Romulus Augustus.
BASILISQUE.
Une Médaille rare & belle de Basilisque, & un Quinaire qui n'est pas moins rare.
ANASTASE.
Neuf Médailles & huit Quinaires d'Anastase, dont il y a quelques-uns qui sont fort singuliers.

JUSTIN.
Cinq Médailles, dont deux très-belles, & neuf Quinaires de Justin.

JUSTINIEN.
Neuf Médailles & neuf Quinaires de Justinien.

JUSTIN LE JEUNE.
Un Quinaire de Justin le Jeune.

TIBÉRE CONSTANTIN.
Trois Médailles & deux Quinaires de Tibére Constantin, dont un très-beau.

MAURICE.
Deux Médailles & quatre Quinaires de Maurice.

PHOCAS.
Cinq Médailles & trois Quinaires de Phocas, presque tous bien conservés.

HÉRACLIUS.
Une Médaille & quatre Quinaires d'Héraclius.

HÉRACLIUS & HÉRACLIUS-CONSTANTIN.
Sept Médailles d'Héraclius & d'Héraclius Constantin, dont deux bien conservées.

HÉRACLIUS, HÉRACLIUS-CONSTANTIN, & HÉRACLEONAS.
Trois Médailles de ces trois Princes sans Inscription aux têtes.

CONSTANS & CONSTANTIN.
Deux Médailles de Constans & de Constantin son fils, dont une belle.

CONSTANTIN POGONAT.
Douze de Constantin Pogonat, dont quelques-unes bien conservées.

TIBÉRE ABSIMARE.
Un Quinaire très-rare de Tibére Absimare.

ARTÉMIUS ANASTASE.
Une Médaille très-belle & très-rare d'Artémius Anastase.

LÉON L'ISAURIEN.
Trois Médailles de Leon l'Isaurien.

CONSTANTIN COPRONYME.

Deux Médailles d'or pâle, & un Quinaire du même métal de Constantin Copronyme.

IRÉNE.

Une très-belle & très-rare Médaille, qui des deux côtés, représente Iréne.

NICÉFORE & STAURATIUS.

Deux Médailles frustes, qui d'un côté représentent Nicéfore, & Stauratius de l'autre.

MICHEL RHANGABÉ.

Une Médaille d'or pâle de Michel Rhangabé.

THÉOPHILE.

Une Médaille qui représente Théophile d'un côté; & de l'autre, Michel & Constantin ses enfans: deux autres représentent Théophile des deux côtés.

BASILE & CONSTANTIN.

Deux de Basile & Constantin; & au revers, l'Image de Jesus-Christ.

CONSTANTIN PORPHIROGENÉTE.

Deux de Constantin Porphirogenéte, qui ont aussi au revers l'Image de Jesus-Christ.

ROMAIN DIOGÉNES.

Une Médaille de cet Empereur bien conservée.

NICÉPHORE BOTONIATES.

Une de Nicéphore qui est d'or pâle.

JEAN COMNÉNE.

Une de Jean Comnéne.

ANDRONIC COMNÉNE.

Deux d'Andronic Comnéne.

ISAAC L'ANGE.

Deux d'Isaac l'Ange, d'or pâle.

MÉDAILLES DOUBLES.

Il y a dans ce Cabinet cinq Médailles doubles bien conservées; sçavoir, Caligula, deux Claude, Magnence & Constantin le Tyran.

MÉDAILLES DOUTEUSES.

Il s'y trouve aussi seize Médailles douteuses, dont dix très-belles ; sçavoir, deux Ælius César, deux Didius Julianus, Didia Clara, Julia Domna, deux Plautilles, Septimius Géta & Sévére Alexandre.

MÉDAILLES INCERTAINES.

Une très-belle Médaille qui représente un Roi barbare : & au revers, un Taureau qui regarde le Soleil levant, avec des Inscriptions en caractéres Romains qui sont singuliers ; elle pése un gros soixante-cinq grains.

Une autre belle Médaille qui représente un Empereur couronné par la Sainte Vierge : & au revers, Jesus-Christ : les caractéres de la Légende sont effacés : on la croit du tems des Ducas ou des Commènes.

Huit Quinaires, dont trois sont d'or pâle, dont on croit les uns du tems d'Anastase, de Justin & Justinien ; les autres du tems de Tibére Constantin, de Constantin Pogonat, ou de Copronyme.

Vingt autres Médailles antiques, dont les unes ont des Inscriptions Grecques, d'autres en ont de Latines, & un grand nombre n'en ont point du tout.

Quatorze Médailles très-bien frappées, qui se trouvent rarement dans un même Cabinet ; une représente Mahomet le faux Prophéte ; une autre, la Colombe qu'il disoit lui apporter les ordres du Ciel ; les douze autres représentent les douze Signes du Zodiaque : on croit qu'elles ont été frappées au Mogol, & que les caractéres qui sont au revers de chacune, sont de ce pays-là.

Une Monnoye Chinoise de figure ovale, qui a deux pouces neuf lignes dans son grand diamétre, & un pouce cinq lignes dans le petit, avec des caractéres Chinois des deux côtés.

Trente Médailles antiques de différentes Villes de France & d'Espagne.

MÉDAILLES MODERNES EN OR,

Qui se trouvent dans le Cabinet de M. DU VAU.

Un grand Médaillon de Constantin le Grand, les Inscriptions en caractéres Gothiques.

Un autre grand Médaillon de Charlemagne; & au revers, l'Eglise d'Aix-la-Chapelle, dont il a été le Fondateur.

Neuf autres Médailles d'Empereurs d'Occident, Louis qualifié Empereur des Romains, Frideric III, Charles V, Rodolphe II, deux Ferdinand III, deux Léopold, Charles VI, & Marie Thérèse, Reine de Hongrie & de Bohême.

Sept Rois de France de la première Race, Childebert, Childeric, deux Clotaire, Dagobert, Théodebert & Charibert.

Onze Rois de France de la troisième Race, Philippe III, un autre Philippe, Jean, Charles, Louis, Louis XII, grand Médaillon; au revers, Anne de Bretagne: autre Médaille de Louis XII; au revers, *Perdam Babilonis nomen*: François, Henry II, François II, & un grand Médaillon de Charles VIIII, 1571.

Trois Médailles du Cardinal de Bourbon, où il est nommé Charles X, Roi des François.

Une Médaille triangulaire frappée à Cambray pour François, frère de Henry III, 1581.

Une autre de Catherine de Médicis.

Deux de Henry IV; six petites Médailles qui représentent Henry IV & Marie de Médicis affrontés.

Un très-grand Médaillon de Henry IIII, & le plus grand du Cabinet: on y voit d'un côté le Roi & la Reine, *capita jugata*; & au revers, le Roi & la France qui se donnent la main, le Dauphin au milieu d'eux, avec l'Inscription, *Propago Imperi*, 1603.

Trente-deux de Louis XIII gravés par le célèbre Varin, dont il y en a un très-grand, & un autre grand,

Une petite Médaille où on voit d'un côté le Roi; & au revers, la Reine Marie sa mére.

Une qui porte au revers le Cardinal de Richelieu, avec cette Inscription; *Curâ reddidit Imperium* : une autre du Cardinal de Richelieu.

Six de Louis XIV, dont l'un est un Médaillon ; un porte au revers la Reine Anne d'Autriche, & un autre, Marie-Thérése.

Trois de Louis XV, dont un Médaillon.

Quatre Médailles, dont une représente Mathias, Roi de Hongrie; une autre, Jean Roi de Sicile & d'Arragon ; la troisiéme, un Duc de Milan de la Maison de Visconti; la quatrième, un Seigneur inconnu.

Un grand Médaillon de Henry, Roi d'Angleterre.

Une Médaille d'argent doré de la Reine Elizabeth.

Deux Médailles d'or de Jacques I, Roi de la Grande-Bretagne.

Une grande de Charles I, & une autre de ce Roi & de la Reine son épouse, 1625.

Deux de Cromwel, 1636.

Une de Guillaume III & de la Reine Marie son épouse, 1664.

Quatre de la Reine Anne, dont un Médaillon ; une petite de Georges I, 1718.

Deux de Gustave-Adolphe, Roi de Suéde.

Deux de Charles XI, dont un grand Médaillon qui porte au revers la Reine Ulrique son épouse, gravé par le fameux Karlestein.

Une de Charles XII en 1708, & une d'Ulrique-Eleonore, Reine de Suéde, 1720.

Un Frideric III, Roi de Dannemarc, 1657, & un Frideric IV, 1725. Une très-petite Médaille de Frideric IV, & une autre de la Reine Louise son épouse.

Frideric, Roi de Bohême, 1619.

Conrad, Roi, très-petite Médaille.

Frideric-Guillaume, Roi de Prusse, 1722.

Pierre Alexiowitz, Czar de Russie, 1712.

Georges Rakoci, Prince de Transilvanie, 1648.

Deux Maximilien Emmanuel, Electeur de Bavière, 1703 & 1711.

Trois petites Médailles de trois Archevêques de Salzbourg, 1659, 1668, 1707.

Une très-belle Médaille frappée en 1696, avec cette Légende, *Ara Pacis*.

Martin Luther, 1717. Huldric Zuingle, 1719.

Deux Jean V, Roi de Portugal, pour la Paix d'Utrech, 1715. Trois petites Médailles du même Prince, 1719, 1720, 1723.

Une monnoye Turque, 1110 de l'Egire.

Un Ducat de Venise, une petite monnoye quarrée de Gènes, un sol de Modène, deux petites monnoyes du Mogol.

MÉDAILLES D'ARGENT ANTIQUES.

On voit encore dans le Cabinet de feu M. Du Vau nombre de Médailles d'argent antiques & modernes. Dans un des tiroirs, on trouve vingt-six Médailles Impériales bien conservées; de ce nombre sont une tête de Jules César voilée, un Marc Antoine, un Lépide, une Julia Titi, une Marciana, quatre Commode, un Pescennius Niger, un Carausius: & au revers, *Expectate veni*: & un très-beau Vétranion de la plus grande rareté.

Dans un autre tiroir, il y en a trente-huit encore Impériales.

Dans un autre, cinquante Médailles antiques, dont quelques-unes sont Grecques, d'autres Latines; il y en a en caractères inconnus, & la plûpart sans Inscription.

Il se trouve encore quarante Médaillons antiques Grecs des Rois de Sirie & de Macédoine, & de quelques Empereurs Romains.

Enfin on y trouve vingt-cinq Médaillons d'Empereurs Romains frappés par le Padouan, qui peuvent servir de pièces de comparaison.

MÉDAILLES MODERNES EN ARGENT.

Un grand Médaillon de Louis XII, au revers, la Reine Anne son épouse; une Médaille du même Roi, où il est qualifié Duc de Milan.

Un Henry II, 1554. Une Catherine de Médicis qui est un Médaillon ; deux de François II, 1559, pour son Sacre : un Médaillon de Charles IX, 1563 : au revers, Catherine de Médicis sa mère. Deux Médaillons du même Charles IX différens, pour la Journée de S. Barthelemy, 1572. Deux Henry III, Roi de France & de Pologne, 1579, 1581 ; un du Cardinal de Bourbon sous le nom de Charles X ; un très-grand Médaillon de Henry IIII ; cinq petites Médailles du même Roi ; une Médaille de Louis XIII pour son Sacre, 1610 ; un Médaillon du même Roi, 1613 ; un piedfort de 1618 ; huit petites piéces depuis 1615 jusqu'en 1629. Deux piedforts de 1643 ; neuf petites piéces de 1641, 1642, 1643 ; un grand piedfort du même Roi, 1643 : un grand Médaillon de Louis XIV : au revers, la Reine Anne d'Autriche sa mére, 1643 ; un autre Médaillon de la même année 1643 ; un piedfort de 1644 : sept petites piéces de 1643 & 1644 ; un Médaillon pour son Sacre, & une autre Médaille pour le même événement, 1654 ; un Médaillon d'Anne d'Autriche, 1660.

Une Médaille qui représente Louis XIV & Marie-Thérése, *capita adversa* ; un Médaillon où on voit d'un côté Louis XIV, & de l'autre, la Reine son épouse. Deux autres Médaillons où on voit la Reine Marie-Thérése, & au revers, la Reine Anne d'Autriche. Un Médaillon où on voit d'un côté *Maria-Theresia Regi nupta*, 1660 ; & au revers, *Natalis serenissimi Delphini*, 1661. Neuf petites piéces de Louis XIV depuis 1674 jusqu'en 1687 ; un grand Médaillon de Louis XIV ; & au revers, *Hæresis extincta* : un autre Médaillon, dont le revers est, *Templis Calvinianorum eversis* : cinq piéces depuis 1709 jusqu'en 1715.

Louis XV, & au revers, Louis le Grand ; un autre de Louis XV, dont le revers est Philippe, Duc d'Orléans ; un pour son Sacre, 1722 ; un où on voit Louis XV & Marie-Anne-Victoire Infante d'Espagne, *capita adversa*, avec la Légende, *pactum Connubium*, 1721 : un grand Médaillon où on voit le Roi & l'Infante, *capita adversa*, & pour Légende, *Ludovici Magni Pronepotes*, 1721 : un autre Médaillon pour l'arrivée de l'Infante à Paris, 1722.

Trois Médailles, 1723. *Nuptiæ Hispano Gallicæ triplex Connubium*; un Médaillon de 1723, dont la Légende est, *Imperium susceptum*; un autre : *Avitum Regimen restitutum* 1726 ; un de 1727, *Nobilium Ephebo-rum Institutio militaris renovata.* Trois piéces depuis 1740.

Diane, Duchesse de Valentinois, grand Médaillon ; Gaston & Marie, Souverains de Dombes, *capita adversa* ; Anne-Marie, Princesse Souveraine de Dombes ; Henry d'Orleans Duc de Longueville, Prince de Neufchâtel ; trois Médailles, dont deux plus grandes, de Marie Princesse Souveraine de Neufchâtel ; un grand Médaillon du Cardinal Mazarin, & une Médaille du même ; le Chancelier Le Tellier ; un autre Médaillon où on voit d'un côté François de Fénelon, Archevêque de Cambray, avec cette Légende, *Cedit vir magnus ut instet fortiùs* ; & de l'autre, Jansénius, Evêque d'Ypres, avec celle-ci, *Surgit quoque posthuma veritas.*

Charles II, Roi d'Espagne & des Indes, Comte de Flandres, grand Médaillon ; un autre Médaillon où l'on voit Philippe V, Roi d'Espagne, & la Reine Marie-Louise-Gabriële son épouse, *capita jugata* ; un autre moins grand représentant d'un côté Philippe V ; & au revers, la Reine Marie-Louise-Gabriële : enfin un Philippe V, 1725.

Ferdinand, Roi de Navarre ; deux Jeanne, Reine de Navarre ; l'une de 1566 plus petite, & l'autre de 1568.

Henry VII, Roi d'Angleterre ; deux Henry VIII, petits l'un & l'autre ; trois Edouard VI, dont un plus grand, Philippe & Marie Princes d'Angleterre, de Naples & d'Espagne, 1554 ; Philippe & Marie, Roi & Reine d'Angleterre, 1557 ; une autre Médaille pour la mort de la Reine Marie, 17 Novembre 1558.

Deux Médailles d'Elizabeth, Reine d'Angleterre, Jacques VI Roi des Ecossois, 1594 ; Jacques Roi de la Grande-Bretagne ; deux Médailles de Charles I Roi de la Grande-Bretagne ; Charles I & Henriette-Marie, Roi & Reine de la Grande-Bretagne, *capita adversa* ; Henriette-Marie de Bourbon, Reine de la Grande-Bretagne ; un très-grand Médaillon d'Olivier Cromwel,

1658 ; trois autres du même, mais de moindre grandeur ; douze petites piéces du même Ufurpateur. Charles II, fa naiffance, 29 Mai 1630; Charles II, Roi, 23 Avril 1661. Trois autres Médailles de Charles II. Trois Médaillons, fur l'un defquels le Roi & la Reine Catherine, fon époufe, *capita jugata*; fur un autre, le Roi d'un côté, la Reine au revers ; fur le troifième, la Reine feule : un autre Médaillon où l'on voit le Roi feul : treize petites piéces du même Roi depuis 1670 jufqu'en 1683. Jacques II pour fon Inauguration, 23 Avril 1685 ; neuf petites pièces du même Roi. Trois Médailles de Marie, Reine de la Grande-Bretagne ; un Médaillon & une petite Médaille où on la voit d'un côté ; & de l'autre, Guillaume III, Roi : quatre petites Médailles où on les voit tous deux, *capita jugata*. Deux grands Médaillons, dont l'un marque la mort de Marie en 1693 ; & l'autre, fon Maufolée en 1695. Trois petites Médailles de Guillaume-Henry, Prince d'Orange, 1659 & 1660. Un Médaillon de Guillaume III, 1692 ; une petie piéce du même de 1701. Anne, Reine de la Grande-Bretagne, fon Inauguration, 23 Avril 1702. Une autre où on la voit d'un côté ; & au revers, fon Epoux George, Prince de Dannemarc. Vingt-trois Médaillons qui repréfentent différens événemens du Régne de cette Princeffe. Trente-neuf petites piéces de Monnoye qui ont eu cours fous fon Régne.

Un grand Médaillon de Georges I pour fon Inauguration, le 20 Octobre 1714 ; une Médaille du même Roi, 1723. Une petite Médaille de George II, 1728 ; trois autres plus petites, 1729, 1730 & 1737 : un Médaillon pour le Couronnement de la Reine fon époufe, 11 Octobre 1727. Jacques, Prince de Galles ; & au revers, Jacques II. Jacques III, Roi de la Grande-Bretagne ; & au revers, la Princeffe Louife fa fœur : deux autres Médailles du même Prince ; au revers de l'une on lit, *Reddite cujus eft* ; au revers de l'autre, *Dominum cognofcite veftrum*. Un Médaillon du Duc de Monmouth, 1683 : un autre de Guillaume Laud, Archevêque de Cantorbery, 1644 ; & au revers on lit, *Sancti Caroli Præcurfor* : la Ducheffe de Portsmouth.

Grégoire XIII Pape, 1572, Clément IX, Innocent XI, Alexandre VIII, Innocent XIII, Benoît XIII, Ferdinand, Roi de Sicile ; un grand Médaillon frappé à Venife, on lit au revers, *Leoni ultori* ; Cofme II, Grand Duc de Tofcane ; au revers, Marie-Magdeleine d'Autriche fon époufe ; Conrad II, Roi des Romains, Duc & Gouverneur de Gènes, 1626 : une petite monnoye de la même République.

Ferdinand II, Empereur, 1624 ; Léonor époufe de l'Empereur Frideric III : une petite monnoye de Léopold, 1682 ; une grande Médaille du même Empereur, 1687 : une autre de 1691 où il eft appellé *Triumphator Gentium Barbararum. Jofephus I, Hungarorum Romanorum Rex*, 1690 : *Jofephus, Rom. Imperator*, 1705 : Elizabeth Chriftine, pour avoir mis au monde un Archiduc, 1716 : François, Grand Duc de Tofcane, couronné Roi des Romains, 1745.

L'Imperatrice Sophie, pour fa mort, 1669 ; Maximilien Emanuel Electeur de Bavière : Jofeph Clément de Bavière, Electeur de Cologne : Ferdinand Albert, Duc de Brunfwic, & au revers, Antoine-Amélie fon époufe ; Elizabeth-Sophie, Duchefle de Brunfwic : Charles Landgrave de Heffe ; un grand Médaillon de Zeyden, dont la Légende eft en Hollandois ; un autre où on voit un Saint qui donne une longue Croix à un Prince.

Charles, Duc de Lorraine, 1587 : François de Lorraine, 1596 : Charles IIII, Duc de Lorraine, 1660. Une autre Médaille du même Prince un peu plus grande, 1668 : Léopold, Duc de Lorraine, 1701.

Une Médaille appellée *Triangulus Majefticus*, où on voit dans un triangle Frideric Roi de Pologne, Frideric Roi de Dannemarc, & Frideric Roi de Pruffe.

Guftave Adolphe, Roi de Suéde : & au revers, la Reine Chriftine après fon abdication, avec la Légende, *Non fit tamen indè minor*.

Trois Médailles de Charles XI, Roi de Suéde : l'une où il eft appellé Charles Guftave.

Une autre pour fa réception dans l'Ordre de la Jarretière, 1671 : & une autre de la même année qui eft plus petite. Charles, Prince Héréditaire de Suéde, 1688 ; deux du même Charles XII devenu Roi ; dans l'une de 1700 il est appellé *Russorum Triumphator* : Ulrique Eleonor, Reine de Suéde, 1719.

Friderie IIII, Roi de Dannemarc, petite Médaille. Martin Luther, Jean Calvin, Médaillons l'un & l'autre. *Viglius Ayta à Zuichem, V. J. Doctor*, petite Médaille.

Vingt petites monnoyes de différens pays, & deux qui sont du Mogol.

MÉDAILLES DE BRONZE ANTIQUES.

On trouve dans le Cabinet de feu M. Du Vau quelques Médailles de bronze antiques & modernes. Il y en a cent quarante antiques de toutes grandeurs, dont il y en a soixante-sept qui sont tellement frustes, qu'on a peine à déchiffrer les caractères des Inscriptions; mais il y en a soixante-treize d'Empereurs Romains depuis Pompée jusqu'à l'Empereur Constance, qui sont mieux conservées.

MÉDAILLES DE BRONZE MODERNES.

Grégoire XIII, Pape, deux Médailles d'Alexandre VII qui sont dorées, Clément IX, Alexandre VIII, Antoine, Cardinal de Granvelle : une argentée du Cardinal de Richelieu, 1631 : une autre du même Cardinal de 1638, qui n'est que de bronze pur : S. François de Sales.

François I, Henry II, 1551 : Charles IX, 1565 : & au revers, Catherine de Médicis sa mére : cette Médaille est dorée ; Henry IV, 1597. Un autre très-grand Médaillon qui représente Henry IV & la Reine Marie de Médicis son épouse, *capita jugata* : & au revers, la Légende, *Propago Imperi*. Deux Marie de Medicis, dont l'une a pour Légende, *Læta Deûm Partu* ; Louis XIII, Louis XIV & Marie-Thérése qui se regardent ; Louis XIV, & au revers pour Légende, *gratia & pax à Deo*, & pour Exergue, *Ob Restitutam Ecclesiæ Con-*

cordiam, 1669. Louis le Grand, & au revers, les têtes du Dauphin & des trois Princes ses Fils, avec cette Légende, *Felicitas Domûs augustæ*, 1693. Louis XV & l'Infante Marie-Anne-Victoire, *capita adversa*, 1721. Louis XV, & au revers, la Reine Marie, Fille du Roi Stanislas : un autre Louis XV, qui a au revers, *Ob Natales Delphini*, 1729. Elizabeth-Charlotte Palatine du Rhin, Duchesse d'Orleans.

L'Empereur Ferdinand III, Roi d'Hongrie & de Bohême, 1642, Médaille dorée ; Maximilien César Duc d'Autriche & de Bourgogne ; & au revers, Marie-Charlotte, Duchesse de Bourgogne.

Philippe II, Roi d'Espagne.

†Une petite Médaille dorée de figure ovale, representant Charles I, Roi d'Angleterre, d'un côté, & de l'autre, la Reine Marie-Henriette son épouse, sans Inscription une autre Médaille dorée de Cromwel, 1658.

Le Chancellier Brulart ; Henry, Duc de Rohan, Pair de France ; le Maréchal de Bassompierre, 1633 ; le Maréchal de Bellegarde ; le Premier Président de Lamoignon, 1679 ; François Miron, 1605.

Nicolas de Launay ; Antoine Coypel ; *Victoria Yvriaca*, 1690 ; un grand Médaillon moderne d'Antonin Pie ; une Médaille de la Calote, *Luná duce & auspice Momo*.

AUTRES CURIOSITÉS.

Monsieur DU VAU ne s'appliquoit pas seulement à faire une belle & ample collection de Médailles ; on trouve encore dans son Cabinet d'autres objets de curiosité. On y voit un assez bon nombre de Pierres gravées, les unes qui sont montées en bagues, & d'autres qui ne le sont point ; elles sont antiques pour la plus grande partie ; il y en a plusieurs gravées en creux, d'autres en relief : elles ne sont pas moins recommandables par la beauté des pierres, que par l'élégance de la gravure. Il y a d'autres Curiosités, comme un très-beau Saphir, une petite Croix de lapis. Il y a aussi quelques Tableaux de bons Maîtres ; mais ce Cabinet est riche, sur-tout en Portraits en émail, dont la plûpart ont été peints par le célébre Peritot. On trouve dans son Cabinet de Livres tous ceux qui ont rapport aux Médailles, & beaucoup d'autres qui ne sont pas moins curieux : tel est le grand Mezeray, 3 vol. fol. de la bonne Edition de Guillemot, 1643.

A TROYES, de l'Imprimerie de la Veuve MICHELIN, Imprimeur du Roi.

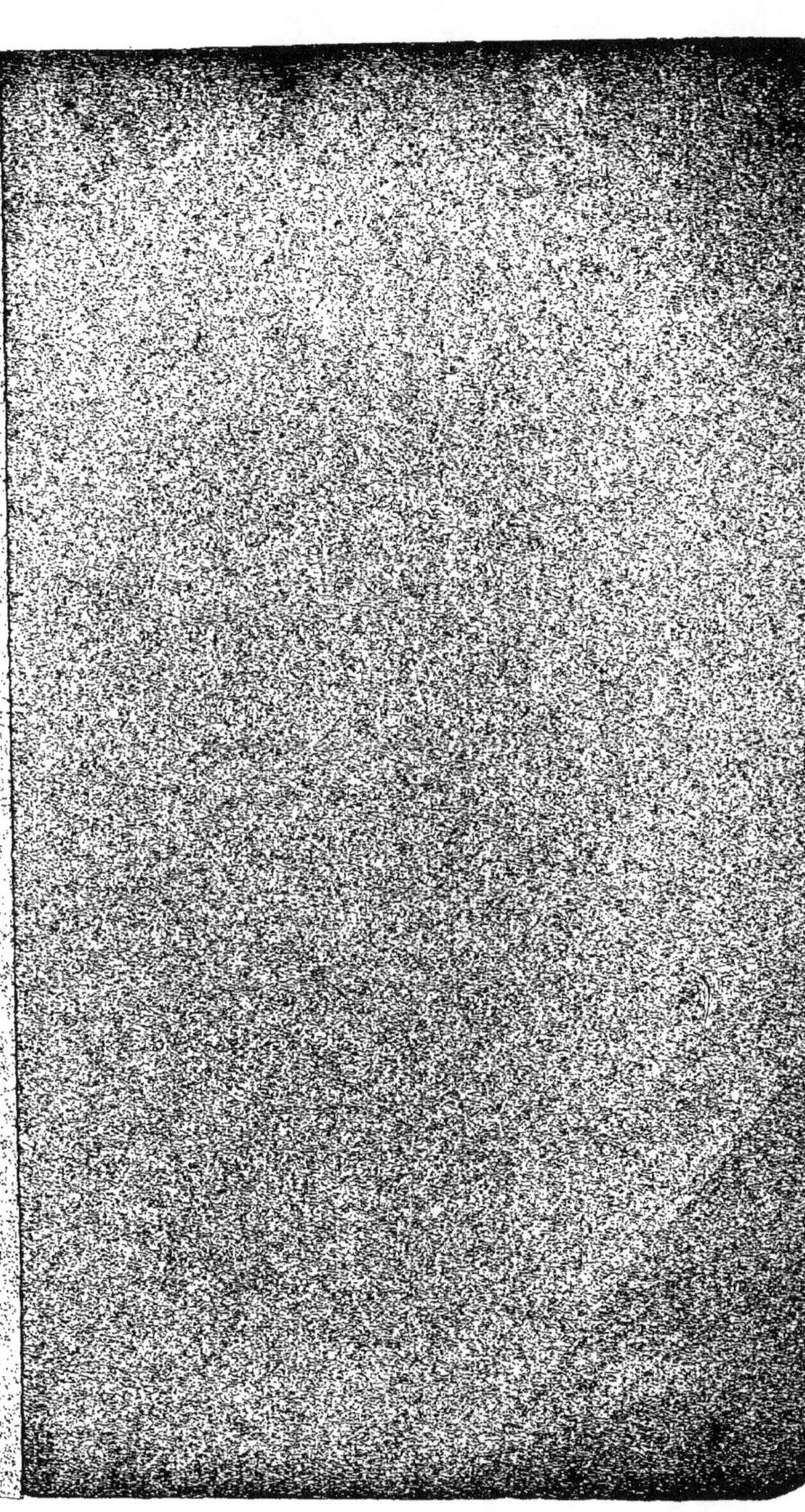

www.ingramcontent.com/pod-product-compliance
Lightning Source LLC
Chambersburg PA
CBHW060713050426
42451CB00010B/1423